MA JUSTIFICATION

MA

JUSTIFICATION

PAR

BAZAINE

Réponse aux brochures intitulées : **l'HOMME DE METZ**

AVEC PIÈCES A L'APPUI

Bruxelles

IMPRIMERIE DE É. WITTMANN

Rue de la Pompe, 8.

1870

MA JUSTIFICATION

PAR

BASAINE.

Réponse aux brochures intitulées : **L'HOMME DE METZ.**

AVEC PIÉCES A L'APPUI,

AU PUBLIC IMPARTIAL DE TOUS LES PAYS.

Messieurs,

En entreprenant cette justification, je tiens à déclarer que je ne suis guidé par aucun intérêt subversif de l'ordre social. Les progrès réalisés depuis quelques années dans les administrations des chemins de fer, des postes et télégraphes, me permettent d'élever la voix du fond de mon exil et de me défendre à la barre des peuples contre les accusations perfides lancées contre moi, par des hommes, qui s'imaginent dans leur béate bonhomie qu'un maréchal de France prisonnier n'est pas ce qu'un vain peuple pense.

Qu'ils ne s'imaginent pas, ces détracteurs de la vertu malheureuse, que je digère moins bien parce qu'ils ont apprécié ma conduite au point de vue de la grandeur présumée des efforts que j'aurais pu faire pour détruire les pauvres pères de famille de la landwehr prussienne.

Qu'ils sachent, que les exécuteurs de S. M. la reine de Prusse savent aussi bien préparer le perdreau à la maréchale que le premier chef de cuisine de chez Riche ou des Frères Provençaux.

J'avoue que la choucroute fait dans les premiers jours un effet assez singulier sur un estomac habitué aux chatouillements délicats des sauces pimentées. Mais ce faible désagrément peut-il être comparé aux ennuis d'un œsophage condamné aux côtelettes de cheval et au ragoût de semelles de bottes.

J'ai été au Mexique, Messieurs, j'y ai été bien nourri et j'ai dirigé un feu aussi bien nourri que moi contre les finances mexicaines qui dévoyaient.

Mes détracteurs vont jusqu'à me reprocher d'avoir abandonné au Mexique l'Empereur que mon maître y avait placé. Sérieusement, est-ce qu'un homme de bon sens peut s'arrêter à des niaiseries pareilles. La seule réponse que je devrais raisonnablement faire à une accusation aussi astucieuse, c'est de dire à ces contempteurs de l'innocence que Maximilien n'était pas meilleur que moi et que, si dans le jeu de Collin-Maillard que nous avions organisé, il a perdu la belle, il a gagné les balles.

Au surplus, le premier gamin venu rétablira la vérité par ce simple mot, aussi profond que bien senti :

Fallait pas qu'il y aille!

Après cela nous pouvons tirer l'échelle. Ce mot dit tout, il explique surabondamment que le monde est composé en majorité de dupes et d'imbéciles, exploités par une minorité, assemblage de malins dressés au métier délicat de tirer leur épingle du jeu. Nul ne peut me contester le titre glorieux de maître dans ce noble exercice, car non content de retirer mon épingle, je suis encore parvenu à retirer mon bâton de maréchal, ce qui était autrement difficile.

D'aucuns disent que je ne l'ai pas retiré intact et qu'au bout du bâton il y avait de la mer...veilleuse pâte de diamant. Eh! Messieurs, pour qui me prenez-vous? Fallait-il pas essuyer le bâton? fi donc! C'est ouvrage de conscrit et je me suis circonscrit dans les habitudes équilibristes qui ont rendu mon nom célèbre.

Il y a même des individus assez ignorants des us et coutumes qui règlent les relations entre gens de haut parage, pour me reprocher les quelques fusillades que j'ai ordonnées au Mexique. Je ne sais s'il convient de me donner la peine de clouer les oreilles de ces gens aux sabots de mon cheval de guerre.

Mais mon divin Empereur trouve cette exécution d'un goût relevé et je me conforme à ses désirs.

Tout le monde sait ou ne sait pas, ce dont je me bats l'œil, que dans les difficultés d'une guerre lointaine, dans laquelle il s'agit de combiner les délicates fonctions de commandant étranger, de chef indigène, de soutien d'un Empereur mal planté et de pourvoyeur d'un Bonaparte en appétit, il faut quelques fois recourir à des moyens intempestifs et violents qui permettent par des manœuvres secrètes, d'embarquer les fruits de la guerre. Quelqu'adroitement que se fassent ces opérations délicates et honorables, il est presqu'impossible de se passer du concours de ces honnêtes gens, échappés à la corde, qu'on trouve en tous pays où s'implante le Mandrin et où fleurit le Cartouche. Or, personne ne me contestera cette vérité, qui est affirmée par la sagesse des nations, cette vérité inventée par Caïn et expérimentée sur cet imbécile d'Abel, à savoir que les morts seu's ne parlent pas. Lorsqu'on est nourri à l'école de Napoléon III, on n'est pas sans être pénétré de cette sublime invention pour laquelle le fils aîné du père Adam n'a jamais demandé le moindre brevet d'invention. Donc, en l'absence dudit brevet, rien ne devait m'empêcher d'appliquer le système rationnel, dont les résultats sont infaillibles. Si, après cette explication catégorique, quelqu'un me demande encore pourquoi j'ai si proprement fait fusiller ces Mexicains, je leur dirai, avec cette assurance que donne le sentiment du devoir accompli : allez-le leur demander, vous entendrez — ou plutôt vous n'entendrez pas — ce qu'ils vous répondront.

Cette revue rétrospective n'était pas sans intérêt. Elle était nécessaire pour bien faire apprécier les qualités éminentes et les nobles sentiments de l'homme qui veut bien se présenter devant vous.

Ici s'ouvre, Messieurs, une nouvelle phase de ma carrière dont les jours sont si bien remplis de déjeuners réconfortants et de dîners délicats, panachés de soupers fins.

On m'appelle l'Homme de Metz et des gens dénués de toute notion de droit romain, des gens qui ne savent même pas à quelle sauce les Chinois préparent les nids d'hirondelles, considèrent ce titre comme une injure ! Eh ! bien, Messieurs, franchement, cela fait suer.

Je commandais à Metz une armée nombreuse qui ne demandait que plaies et bosses, qui voulait détruire les Prussiens depuis la pointe du casque jusqu'aux semelles des bottes. Mais pouvais-je franchement laisser assassiner ces braves gens, espoir des Gretchen et des Trutchen d'outre-Rhin ! Pouvais-je permettre aux soldats français de supprimer tous les docteurs en philosophie, dont les pipes n'étaient encore qu'à moitié culottées ! Il faut avouer, Messieurs, que ce n'était pas là une besogne digne de la civilisation napoléonienne, greffée sur l'abrutissement et l'ignorance.

Ne valait-il pas mieux entretenir des relations amicales avec le noble prince qui commandait cette armée de savants à aiguille et qui avait le talent de prendre les alouettes au miroir.

Après cet aveu, dépouillé d'artifice, n'allez pas, Messieurs, me confondre avec une alouette vulgaire. Si le prisme princier a fait miroiter dans un brouillard lointain un écusson armorié figurant les armes de la noble maison de Lorraine, si je me suis persuadé qu'il était si simple, en ôtant mes bas et en les remplaçant par l'or, de m'incarner dans ce nom antique et révéré, n'avais-je pas pour moi une queue respectable. Ayant déjà l'*aisne* et possédant l'*or*, le duc de *Lorraine* était-il si difficile à faire ?

C'est là une vérité qui n'échappera à aucun homme persuadé de cet axiome que le soleil brille pour tout le monde.

Si après cette justification, aussi radicale que rationnelle, un doute pouvait encore subsister dans votre esprit prévenu, je vous dirai que le sentiment humanitaire a été le mobile de ma conduite.

Quel rôle plus noble que celui de bienfaiteur de l'humanité un homme peut-il ambitionner sur la terre.

Il m'est doux, dans le fin fond de mon exil, de retrouver dans la patrie de Gœthe et de Guillaume de Prusse, sur la terre qui vit naître Luther et brûler Jean Huss, l'expression des sentiments de profonde admiration que ma conduite impose à tout vrai cœur d'Allemand.

Pardonnez à ma modestie de finir cette justification irréfutable, en mettant sous vos yeux le compte-rendu fait par un journal sérieux de Bruxelles, de la réception que me fit le conseil communal d'Hambourg :

On lit dans la *Chronique* :

Je reviens d'Allemagne et je suis fort étonné, en arrivant à Bruxelles, d'apprendre que pas un journal belge n'a rendu compte d'une solennité à laquelle il m'a été donné d'assister à Hambourg. Je veux parler de la réception dans cette ville du tant célèbre Basaine.

Ce spectacle, à la fois attendrissant et imposant, est un de ceux qu'on n'oublie pas. Cette manifestation spontanée honore autant la ville de Hambourg, qui en prit l'initiative, que le brave maréchal qui en fut l'objet. Elle appartient désormais à l'histoire, en dépit du mutisme étrange des grands journaux.

Le 6 de ce mois, Hambourg apprit que ce grand caractère, qui a nom Basaine, était depuis quelques heures dans ses murs.

Semblable à la violette, emblême de la modestie impériale, il était descendu incognito, la veille au soir, à l'hôtel du *Fameux Lapin* sous le nom d'Anatole le Grand.

Un quart d'heure après, la nouvelle faisait traînée de poudre et courait éclater jusqu'au cœur de l'institution des sourds-muets, où elle était l'objet des conversations les plus gesticulées.

Le 7 au matin, une foule énorme stationnait sous les fenêtres du *Fameux Lapin*. Elle attendait, anxieuse et patiente, le réveil de l'homme qui vient de donner au substantif capitulation un coup de plumeau, à ce point consciencieux, qu'on jugerait que ce mot n'a pas encore servi.

A neuf heures, la fanfare et l'orphéon sont signalés ; la foule s'écarte sur leur passage ; les musiciens et les chanteurs se recueillent un moment et la symphonie attaque,

joyeuse et bruyante, cette page sublime et magistrale intitulée : *Partant pour la Poméranie !*

Des bravos éclatent : Vive Basaine ! Hurrah ! Frénésie ! En-
thousiasme et délire ! ! La foule s'agite, les chapeaux sautent
en l'air : la fenêtre du *Fameux Lapin* vient de s'ouvrir, il pa-
raît, — je veux dire Basaine. Il est ému, de douces larmes
brillent dans ses yeux, il va parler...

Mais quelqu'un fend la foule, c'est M. le bourgmestre...

Voici, autant que je m'en souviens, car l'émotion com-
mence à me gagner, les quelques paroles de cet excellent
fonctionnaire :

« Maréchal unique dans l'histoire !

» La ville de Hambourg me charge, tout indigne que je
» suis d'un tel honneur, de vous présenter le juste tribut des
» hommages qu'elle vous doit. Elle est fière, à juste titre, de
» l'hospitalité qu'elle donne à un homme qui a tant fait pour
» les armes prussiennes.

» L'antiquité n'offre pas un héros, ô Basaine, à qui vous
» puissiez être comparé. L'histoire vous conservera une page
» impérissable, nous l'espérons. Votre vie est, à la fois, un
» exemple et une leçon : un exemple à éviter, une leçon à
» désespérer les audacieux.

» Nous espérons, semblable à l'ilote antique, vous garder

» parmi nous comme un enseignement : nous élèverons nos
» enfants dans la crainte de *Croquebasaine !*

» 53 aigles ! 1,350 canons !! 300,000 chassepots !!! Ah !
» maréchal ! si toutes les villes d'Europe avaient un Basaine,
» quelle belle patrie allemande nous aurions !

» La ville de Hambourg vous prie d'accepter un sabre
» d'honneur. Le voici. Nous l'avons longtemps cherché digne
» de vous ; le magasin d'accessoires du théâtre nous l'a
» fourni. Aucun danger : la lame rentre docilement dans le
» manche. Nous vous prions instamment de faire votre pos-
» sible afin de ne point le livrer à la première occasion. »

Basaine rougit modestement et surmontant son émotion :

« Hambourgeois !

» Je reçois vos félicitations et ce sabre avec un cœur pé-
» nétré ; croyez que j'aurais voulu faire plus pour la cause
» allemande ; 53 aigles, c'est peu, j'espérais compléter les
» cinq douzaines ; mais le plus beau maréchal du monde ne
» peut livrer que ce qu'il a ! Quant aux canons, n'en parlons
» pas, c'est une bagatelle, j'en suis vraiment confus. Ma
» conscience, mon honneur trouvent assez leur récompense
» dans le devoir inaccompli. Mon désir le plus cher est de
» ne point vous quitter et je sollicite auprès de Bismark la
» faveur d'entrer dans la police du royaume.

» Voici deux télégrammes que je reçois à l'instant
» même :

« Cher allié !

» Permettez-moi de vous conférer l'ordre de l'Aigle-Rouge
» de première classe. Excusez-moi si je ne vous nomme pas
» feld-maréchal.

« Versailles.

» GUILLAUME. »

« Cher maître !

» La blague de Sedan était bonne, celle de Metz est
» impayable. J'en serais jaloux si je n'étais l'homme du
» 2 décembre. Je te fais DUC DE METZ !

» NAPOLÉON. »

Ces paroles sont couvertes d'applaudissements prolongés.
Basaine envoie des baisers à la foule qui s'éclaircit peu à
peu. Ils s'en vont, les enfants, espoir de la landwehr, en
chantant; les vieillards, espoir de la landsturm, en pleurant ;
et les filles et les femmes en bénissant l'homme qui vient
d'épargner leurs fiancés et leurs époux.

Cette réception splendide est le couronnement de ma
carrière.

On me dit qu'un nommé Victor Hugo, dans une pro-
duction malsaine intitulée *Paris-Berlin*, prétend me com-
parer à une défroque obscure. Mais cette absurdité ne me

touche pas. Mon galbe olympien défie toute comparaison avec le grouin d'un chevalier du gland, comme la gloire de mon maître efface la splendeur du soleil.

Il ne me reste plus rien à ajouter et je vous prie, Messieurs, d'agréer l'assurance de mes sentiments les plus dévoués.

183